LIBRAIRIE L. CURMER, 47 RUE RICHELIEU

Étrennes 1861 — Publication nouvelle

LE LAC

PAR

A. DE LAMARTINE

Un magnifique volume demi-jésus, imprimé avec le plus grand luxe par M. J. CLAYE

Les strophes, au nombre de 16, sont accompagnées d'ornements en bistre
et de 16 splendides EAUX-FORTES gravées par M. ALEXANDRE DE BAR, d'après ses dessins originaux
faits spécialement pour cette publication.

Tirage à 225 Exemplaires numérotés.

> Qui de nous, Lamartine, et de notre jeunesse,
> Ne sait par cœur ce chant, des amants adoré,
> Qu'un soir au bord d'un lac, tu nous as soupiré?
> Qui n'a lu mille fois, qui ne relit sans cesse,
> Ces vers mystérieux où parle ta maîtresse,
> Et qui n'a sangloté sur ces divins sanglots,
> Profonds comme le ciel, et purs comme les flots?

Ainsi chantait l'auteur de ROLLA, quand il consacrait dans ces vers la célébrité acquise au chantre d'Elvire.

Le *Lac* est demeuré la plus suave expression de la poésie du cœur entourée du charme ineffable des émotions qu'inspire l'aspect de la nature.

La musique a rendu un solennel hommage à cette merveilleuse poésie, et la mélodie, si justement célèbre de M. Niedermeyer, est venue ajouter un nouvel attrait à ce chef-d'œuvre en l'enveloppant d'une nouvelle et ravissante forme.

C'est le tour du dessin à déposer son hommage sur les autels élevés au divin poëte par l'opinion publique.

Nous n'avons rien à dire de ces compositions; notre opinion serait jugée peu indépendante, et les sympathies acquises à cette œuvre du crayon et du burin nous dispensent d'en analyser les mérites; nous dirons seulement que M. ALEXANDRE DE BAR, en entreprenant cette suite de dessins qu'il a fixés lui-même sur le cuivre, se défiant de ses forces, hésitait et cédait à des craintes que nous avons été heureux de calmer, convaincu comme nous l'étions de la puissance et de la fécondité de son talent, de la richesse de son crayon et de l'excellence de son burin.

Trop d'appréciations sont venues sanctionner notre confiance pour que nous ne soyons pas encouragé à affirmer que le *dessinateur*, par la distinction et la variété des compositions, le *graveur*, par la richesse de l'exécution, a dépassé nos espérances et a doté l'art français d'une production appelée à prendre le rang élevé qu'elle mérite parmi les œuvres éminentes de notre glorieux siècle.

LA PUBLICATION DU LAC EST AINSI RÉGLÉE :

Les 25 premiers exemplaires sont numérotés de 1 à 25 sur l'épreuve même.

Le Prix est de :

Le Nº 1......	300 fr.	Le Nº 10......	230 fr.	Le Nº 19......	185 fr.
— 2......	290 »	— 11......	225 »	— 20......	180 »
— 3......	280 »	— 12......	220 »	— 21......	175 »
— 4......	270 »	— 13......	215 »	— 22......	170 »
— 5......	260 »	— 14......	210 »	— 23......	165 »
— 6......	250 »	— 15......	205 »	— 24......	160 »
— 7......	245 »	— 16......	200 »	— 25......	155 »
— 8......	240 »	— 17......	195 »	Du Nº 26 au Nº 225...	150 fr.
— 9......	235 »	— 18......	190 »	l'exemplaire.	

Le tirage, fait sur papier de Chine, a été exécuté avec le plus grand soin, et chaque exemplaire est contenu dans un portefeuille particulier.

1861. — TYP. J. CLAYE, RUE SAINT-BENOIT, 7, PARIS.

LIBRAIRIE
L. CURMER
RUE DE RICHELIEU
47

Paris, 1ᵉʳ Novembre 1860.

Au moment de mettre en vente une importante publication tirée à 225 exemplaires numérotés, je me fais un devoir de vous offrir de faire partie des Souscripteurs; c'est une œuvre précieuse & exceptionnelle. J'ai choisi le moment des Étrennes pour la mettre au jour, non pas que je la considère comme une publication de fantaisie, mais bien comme le plus riche présent que cette époque de l'année puisse offrir au public d'élite qui recherche, sous le charme de la forme, le mérite de la pensée.

Je suis, avec les sentiments d'une respectueuse considération,

Votre très-dévoué serviteur,

L. CURMER.

LE LAC

COMPOSITIONS

ET

EAUX-FORTES

PAR

ALEXANDRE DE BAR

ORNEMENTS   H. CATENACCI

EXEMPLAIRE

Nº

A M

LE LAC

PAR

A. DE LAMARTINE

PARIS — L. CURMER

M DCCC LX

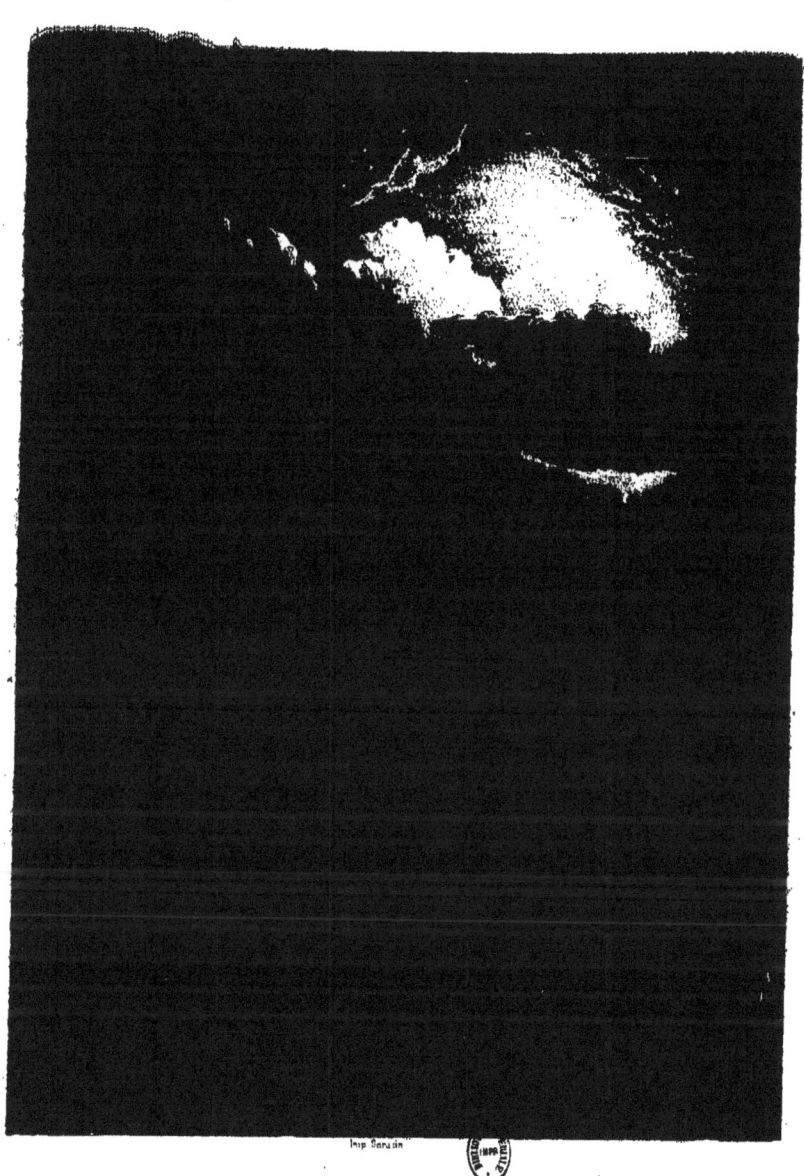

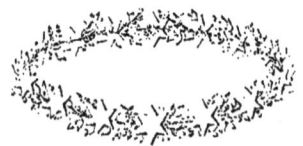

I

Ainsi, toujours poussés vers de nouveaux rivages,
Dans la nuit éternelle emportés sans retour,
Ne pourrons-nous jamais sur l'océan des âges
　　Jeter l'ancre un seul jour?

Imp. Sarazin

II

O lac! l'année à peine a fini sa carrière,
Et près des flots chéris qu'elle devait revoir,
Regarde! je viens seul m'asseoir sur cette pierre
  Où tu la vis s'asseoir!

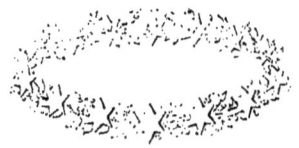

III

Tu mugissais ainsi sous ces roches profondes ;
Ainsi tu te brisais sur leurs flancs déchirés ;
Ainsi le vent jetait l'écume de tes ondes
   Sur ses pieds adorés.

IV

Un soir, t'en souvient-il? nous voguions en silence;
On n'entendait au loin, sur l'onde et sous les cieux,
Que le bruit des rameurs qui frappaient en cadence
    Tes flots harmonieux.

V

Tout à coup des accents inconnus à la terre
Du rivage charmé frappèrent les échos :
Le flot fut attentif, et la voix qui m'est chère
   Laissa tomber ces mots :

VI

« O temps, suspends ton vol! et vous, heures propices,
  « Suspendez votre cours!
« Laissez-nous savourer les rapides délices
  « Des plus beaux de nos jours!

p Saraxin

VII

« Assez de malheureux ici-bas vous implorent,
  « Coulez, coulez pour eux;
« Prenez avec leurs jours les soins qui les dévorent;
  « Oubliez les heureux.

VIII

« Mais je demande en vain quelques moments encore,
  « Le temps m'échappe et fuit;
« Je dis à cette nuit : Sois plus lente; et l'aurore
  « Va dissiper la nuit.

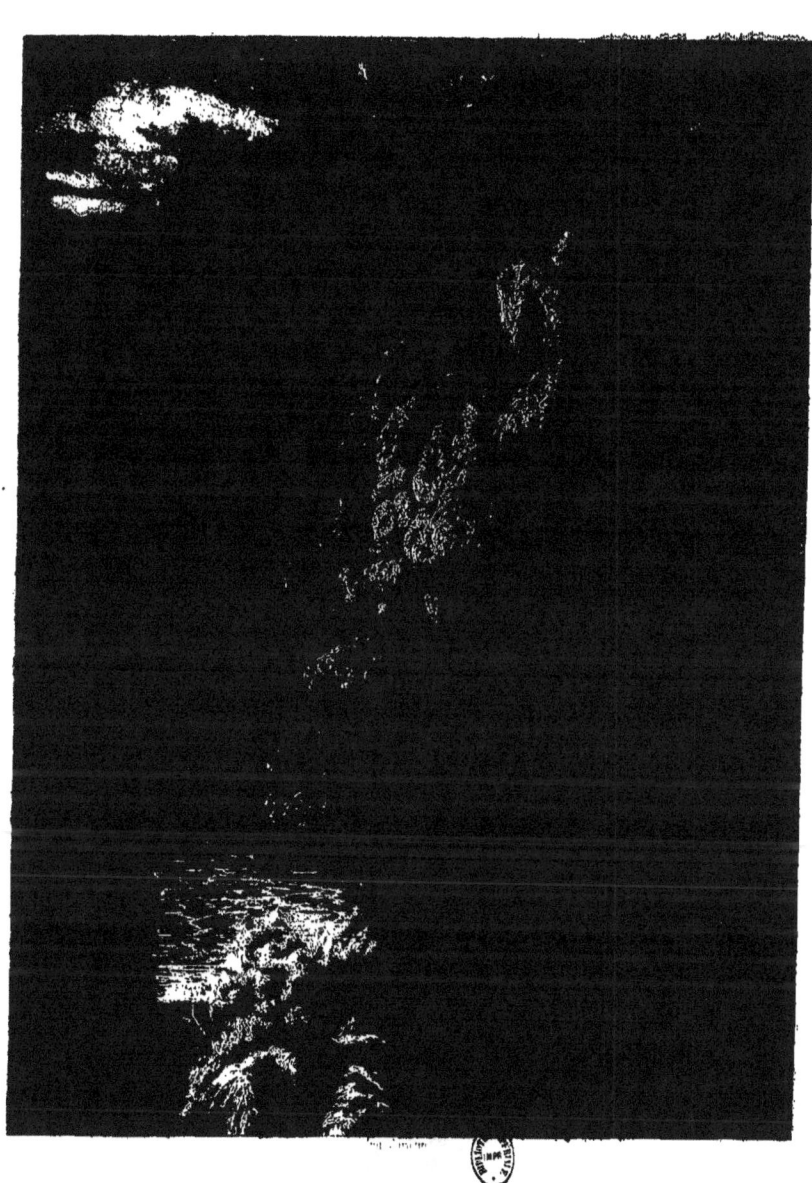

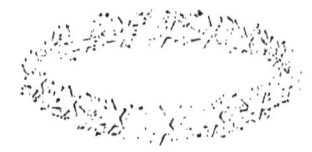

IX

« Aimons donc, aimons donc! de l'heure fugitive,
    « Hâtons-nous, jouissons!
« L'homme n'a point de port, le temps n'a point de rive;
    « Il coule, et nous passons! »

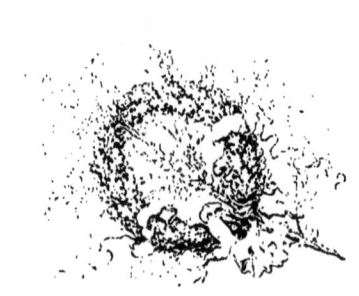

X

Temps jaloux, se peut-il que ces moments d'ivresse,
Où l'amour à longs flots nous verse le bonheur,
S'envolent loin de nous de la même vitesse
   Que les jours de malheur?

XI

Eh quoi! n'en pourrons-nous fixer au moins la trace?
Quoi! passés pour jamais? quoi! tout entiers perdus?
Ce temps qui les donna, ce temps qui les efface,
    Ne nous les rendra plus?

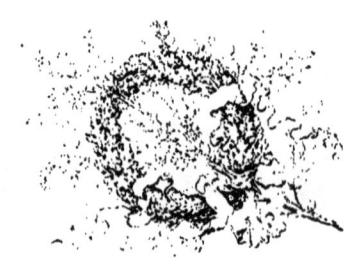

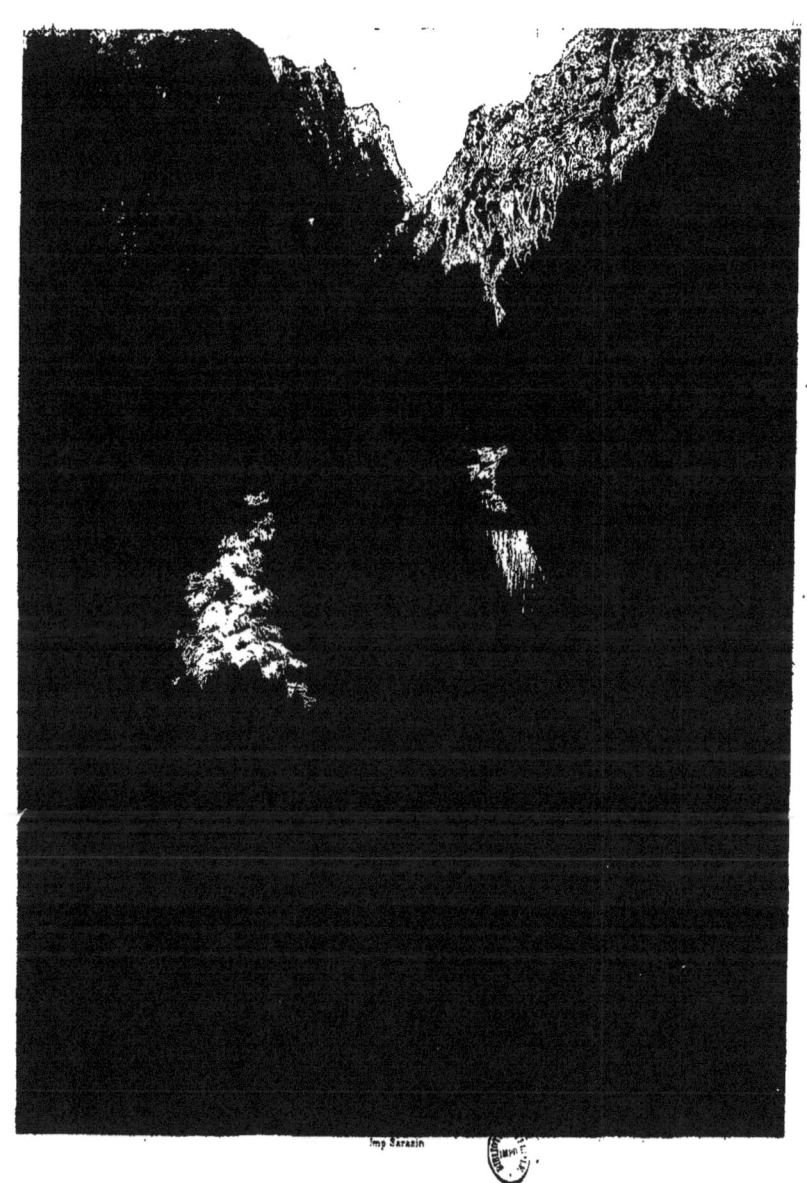

Imp Sarazin

XII

Éternité, néant, passé, sombres abîmes,
Que faites-vous des jours que vous engloutissez?
Parlez : nous rendrez-vous ces extases sublimes
  Que vous nous ravissez?

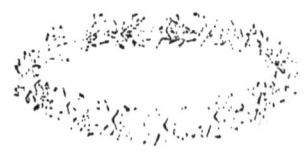

XIII

O lac! rochers muets! grottes! forêt obscure!
Vous que le temps épargne ou qu'il peut rajeunir,
Gardez de cette nuit, gardez, belle nature,
    Au moins le souvenir!

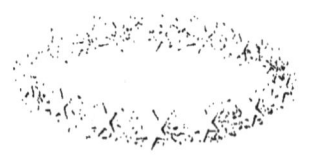

XIV

Qu'il soit dans ton repos, qu'il soit dans tes orages,
Beau lac, et dans l'aspect de tes riants coteaux,
Et dans ces noirs sapins, et dans ces rocs sauvages
   Qui pendent sur tes eaux!

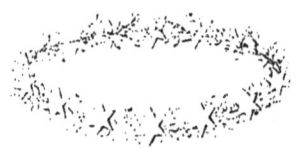

XV

Qu'il soit dans le zéphyr qui frémit et qui passe,
Dans les bruits de tes bords par tes bords répétés,
Dans l'astre au front d'argent qui blanchit ta surface
De ses molles clartés!

XVI

Que le vent qui gémit, le roseau qui soupire,
Que les parfums légers de ton air embaumé,
Que tout ce qu'on entend, l'on voit ou l'on respire,
Tout dise : Ils ont aimé !

www.ingramcontent.com/pod-product-compliance
Lightning Source LLC
Chambersburg PA
CBHW060523050426

42451CB00009B/1125